TROIS

MONUMENTS PHÉNICIENS APOCRYPHES.

TROIS
MONUMENTS PHÉNICIENS APOCRYPHES,

PAR

M. CH. CLERMONT-GANNEAU.

EXTRAIT DU JOURNAL ASIATIQUE.

PARIS.

IMPRIMERIE NATIONALE.

M DCCC LXXXIV.

TROIS
MONUMENTS PHÉNICIENS APOCRYPHES.

I.

UN MONUMENT PHÉNICIEN APOCRYPHE
DU MUSÉE DU LOUVRE.

I.

Nos collections du Louvre ne sont pas demeurées à l'abri des fraudes en matière d'archéologie orientale.

En voici un exemple assez remarquable.

Elles contiennent, depuis de longues années, un prétendu monument phénicien qui n'avait jusqu'ici éveillé aucun soupçou et qui, cependant, est absolument apocryphe. C'est, du moins, ce que je vais essayer d'établir, en proposant, si mes conclusions sont admises, sa radiation du catalogue où il figure à un titre doublement usurpé.

Ce qu'il y a de curieux, en effet, c'est que non

seulement l'on n'a jamais mis en doute son authenticité, mais qu'on croyait posséder en lui l'original d'un monument quasi célèbre, depuis le siècle dernier, dans le monde des antiquaires.

Le monument incriminé est inscrit, dans la section des *Monuments phéniciens*, sous le n° 592 de la *Notice des antiquités assyriennes, babyloniennes, perses, hébraïques, exposées dans les galeries du Louvre*[1]. La notice en donne la description suivante :

« Scarabée ; sur la face plane on voit gravée en creux une divinité assise sur un trône, devant lequel se tient un adorateur : en haut, un astre ; dans le champ, un *aleph* phénicien et une croix ansée avec anneau circulaire. Au-dessous de cette représentation, une ligne de caractères. *Basalte vert.* Long. 0^m,045. »

L'auteur de la notice n'essaie pas d'interpréter l'inscription. Il se borne à renvoyer à divers ouvrages de Passeri, de Murr, de Herder, de Tassie, de Bottiger, de Landseer, de Petit-Radel, de Tychsen, de Raoul-Rochette, qui traitent en détail de ce monument, remarquable à la fois par ses dimensions insolites, la nature de la scène figurée et la présence de la légende phénicienne, ou plutôt araméenne, qui a exercé à plusieurs reprises la sagacité des interprètes.

Cette longue bibliographie, empruntée d'ailleurs à l'ouvrage de Raoul-Rochette, n'est pas complète,

---

[1] Par A. de Longpérier. 3ᵉ édition, 1854, p. 139.

même pour l'époque où elle a été dressée. L'on pourrait y ajouter par exemple la *Palæographia Critica* de Kopp[1], les *Mines de l'Orient*[2], etc.

Depuis, d'autres savants se sont occupés avec plus ou moins de bonheur du monument visé par le catalogue du Louvre. Je citerai dans le nombre : Levy, de Breslau[3], et Blau[4].

J'ignore à quel moment et par quelle voie ce pseudo-scarabée phénicien est entré au Louvre. Il y aurait à faire à ce sujet une enquête qui est hors de mes moyens et que je recommande à qui de droit. Tout ce que je puis dire, c'est que, d'après l'indication même du catalogue que je viens de citer, il faisait déjà partie du musée Charles X[5], et qu'il a été maintenu dans les collections réorganisées. L'on est étonné qu'il ait réussi à mettre en défaut la perspicacité d'un antiquaire aussi clairvoyant que l'était M. de Longpérier.

II.

Avant d'aborder ma démonstration, je commencerai par donner, d'après un moulage que M. Heuzey a bien voulu en faire exécuter à ma demande, une reproduction fidèle de l'objet en question.

Je ferai remarquer, dès à présent, certains détails

---

[1] Vol. IV, p. 110-113.

[2] *Fundgruben des Orients*, I, pl. III, n° 1, cf. p. 209.

[3] Dans ses *Phœnizische Studien*, II, p. 37, n° 12 (n° 11 de la planche), et dans ses *Siegel und Gemmen*, p. 9, n° 12.

[4] *Numismat. Zeitschrift* de Vienne, juin 1871, p. 6.

[5] Le musée Charles X a dû être fondé vers 1828.

qui, tout à l'heure, m'aideront à confondre le faussaire qui a fabriqué ce monument.

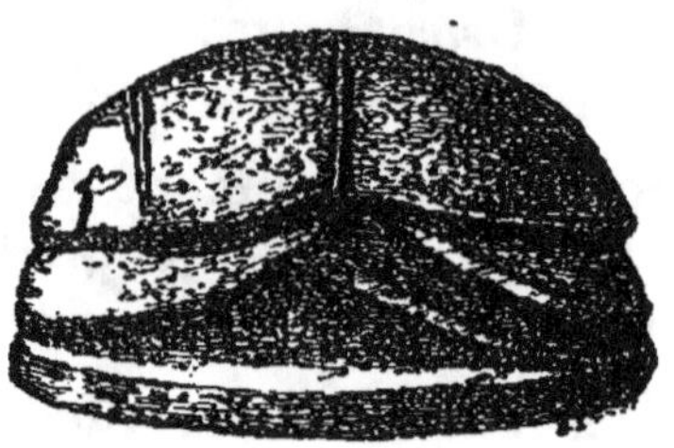

Le corps même du scarabée est sculpté d'une façon sommaire. La tête et les ailes de l'insecte sacré des Égyptiens sont indiquées grossièrement. Ses pattes ne sont pas détachées de la masse; l'on ne s'est pas donné la peine de les évider en les ajourant.

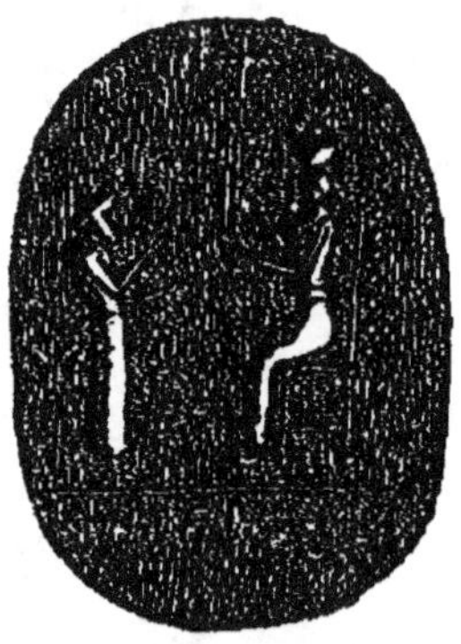

Le plat gravé offre une surface parfaitement dressée et polie comme un miroir; le fond de la gravure, d'une conservation suspecte, est mat.

Le style des figurines, mou et gauche, produit à première vue une mauvaise impression.

La légende, dont je réserve pour le moment la

traduction, et qui offre d'étranges anomalies paléo-
graphiques, est gravée à *l'endroit*, c'est-à-dire que
l'empreinte de ce monument, qui a la prétention
d'être un sceau, donne une inscription à *l'envers*.
Cette dernière particularité serait, à elle seule, je me
hâte de le dire, une preuve insuffisante d'inauthen-
ticité, car j'ai fait connaître moi-même plusieurs
cachets sémitiques parfaitement authentiques, sur
lesquels la légende, gravée à l'endroit, devait venir
invertie à l'impression. On va voir cependant que,
dans l'espèce, cette disposition anormale tient à l'origine frauduleuse du monument.

III.

En 1876, au cours de recherches dont j'avais été
chargé par le Ministre de l'instruction publique pour
la Commission du *Corpus inscriptionum semiticarum*,
je trouvai dans les collections du British Museum un
monument [1] qui me parut présenter avec celui du
Louvre les plus surprenantes analogies.

C'était un scarabée de jaspe vert ayant sensiblement

---

[1] Inscrit sous le n° H 433.

la même forme, les mêmes dimensions comme grosseur, longueur, largeur, hauteur et superficie du plat; la même scène figurée, la même légende.

Il suffit, pour s'en assurer, de comparer aux reproductions gravées plus haut, celle que je donne ici, d'après un moulage que je dois à l'obligeance du Dr S. Birch.

Les ressemblances, pour extraordinaires qu'elles soient, ne sont pas telles cependant, qu'on ne puisse aisément distinguer que, de ces deux sosies, l'un est la contrefaçon de l'autre.

Est-ce le Louvre, est-ce le British Museum qui possède l'original?

Je n'hésite pas à répondre que c'est le British Museum.

En effet, le scarabée du British Museum offre tous les signes de l'antiquité.

L'insecte est travaillé avec soin. La forme générale a une excellente apparence. Les détails sont consciencieusement fouillés. Les pattes sont évidées; le des-

sous du corps, entièrement ajouré, se détache net-
tement de la base qui forme le plat. Le faussaire a
reculé, en sculptant le scarabée du Louvre, devant
ces difficultés d'exécution.

Le plat, parfaitement poli à l'origine, a perdu de
son poli par endroits, à la suite de frottements sé-
culaires; en outre, il ne présente pas une surface
aussi mécaniquement planée que celle du plat de la
contrefaçon.

Les figurines, très primitives d'aspect, n'en ont
pas moins une tournure archaïque de bon aloi.

Tout en copiant son modèle aussi fidèlement qu'il
le pouvait, et à la même échelle, le faussaire a un
peu diminué la taille des personnages, surtout de
celui qui se tient debout devant la divinité assise.

Il a maladroitement altéré divers détails du cos-
tume et de la coiffure, dont il ne se rendait pas bien
compte.

Enfin, sur le scarabée du British Museum, la légende est gravée à l'envers, comme elle doit l'être
logiquement sur un sceau destiné à servir de matrice
à des empreintes.

De plus, elle possède, sur sa congénère, l'avan-
tage décisif d'être parfaitement lisible et intelligible.
Ce fait seul suffirait à faire pencher la balance en sa
faveur, si l'on avait encore quelques scrupules devant
cette série de faits plus que probants.

IV.

Je ne m'arrêterai pas à la scène figurée qui a donné lieu, comme on le verra plus loin, aux interprétations les plus singulières et les plus opposées. Il est certain que le personnage assis représente une divinité, et le personnage debout un adorateur. Je me bornerai à en rapprocher, à ce point de vue, deux monuments.

C'est d'abord un petit amulette de bronze du musée assyrien du Louvre [1], sur l'une des faces duquel est gravée une scène tout à fait semblable; seulement le trône est placé sur le dos d'un griffon cornu et ailé. Derrière le dossier du trône sont rangées verticalement six étoiles, qui, par voie de substitution, nous autorisent à reconnaître dans les sept boules disposées de même sur notre scarabée, des symboles planétaires. Au-dessus de la scène est le croissant lunaire et un grand astre à huit rayons qui est peut-être le soleil, le tout correspondant à l'astérisme qui occupe la même place sur notre scarabée.

Le second monument est une empreinte de cachet sur terre cuite conservée au British Museum et publiée par M. Menant [2], où le dossier du trône de la divi-

---

[1] Gravé dans le *Choix de monuments antiques*, de M. de Longpérier, pl. I, n° 4.

[2] *Empreintes de cachets assyro-chaldéens*, etc., p. 22, n° 35. En haut est le croissant lunaire. M. Menant nous dit que le trône « est très caractéristique et rappelle la facture des artistes de Calach ». et il rapproche de cette empreinte un cylindre assyrien du musée de Florence inscrit au nom d'un préfet de Calach.

nité est également flanqué de cinq signes que je considère comme planétaires ou stellaires.

Quant à la légende du scarabée du British Museum, je la lis ainsi :

לחודו | ספר[א]

A Hodo, le scribe.

Le nom propre *Hodo* a dans l'onomastique sémitique de bons répondants sur lesquels il n'est pas besoin d'insister.

La forme ספרא *sophra*, *saphra* ou *saphro* pour ספר *sopher* « le scribe », nous permet de diagnostiquer avec sûreté ce monument comme araméen ou araméophénicien; la paléographie de l'inscription est pleinement d'accord sur ce point avec la grammaire.

Cette légende doit être rapprochée d'une épigraphe tout à fait similaire, que j'ai fait connaître dans mes *Notes d'archéologie orientale* [1] et qui est gravée sur une coupe de bronze inédite du British Museum, coupe provenant de Ninive.

לבעלעזר•ספרא

A Baalazar, le scribe.

Sur la coupe de Ninive le nom propre est séparé de son qualificatif par un point, comme il l'est sur le scarabée par un petit trait vertical. C'est une analogie de plus entre les deux épigraphes.

Note VIII, *Revue critique*, 1er janvier 1884, p. 13.

La légende du scarabée du British Museum contient une singularité qui n'a pas peu contribué à
dérouter les divers interprètes qui ont essayé de la
traduire.

L'*aleph* final marquant l'état emphatique du mot
ספר *sopher* « le scribe », n'est pas compris dans la ligne
de caractères gravés en exergue au-dessous du trait
horizontal qui les sépare de la scène figurée ; il a été
rejeté au-dessus, dans le champ même de cette
scène, derrière le personnage debout en adoration.
Je n'hésite pas à rattacher à la légende ce caractère
isolé qui en fait partie intégrante.

Quant à la raison de cette disposition irrégulière,
elle est bien simple. Le graveur, arrivé au bout de
sa ligne, jusqu'au bord même du plat, n'avait plus
d'espace pour tracer l'*aleph* final ; il ne s'est pas fait
scrupule de le reporter au-dessus, dans le champ
libre.

V.

C'est le moment de comparer minutieusement les
deux monuments sous le rapport épigraphique.

La légende du scarabée authentique est disposée
selon une ligne légèrement concave ; celle de la contrefaçon suit une ligne parfaitement droite. le faus-

saire s'étant, à cet égard, laissé guider par cette tendance à la rectitude propre à notre goût moderne.

L'aleph final, sur le monument faux, est rejeté également dans le champ supérieur; seulement, ici, c'est sans motif plausible, attendu que le graveur moderne, serrant un peu plus ses lettres, disposait à la fin de sa ligne, à gauche, d'un espace vide suffisant pour loger à sa place normale ce caractère complémentaire. Mais il copiait servilement le modèle qu'il avait sous les yeux. Rien n'est plus propre que ce petit détail à mettre la fraude en pleine lumière.

Les caractères eux-mêmes sont, d'ailleurs, reproduits assez inexactement, bien qu'on y retrouve sans peine tous les traits originaux.

Le *lamed* n'est pas trop déformé, mais il est traité d'une façon anguleuse, presque comme un V;

Le *hé*, qui le suit, n'a pas sa seconde barre parallèle, et présente l'aspect d'un *guimel;*

Le *waw* est exact;

Le *daleth* est traité comme un Λ grec;

Le second *waw* est correct;

La barre verticale séparative est bien marquée, et même exagérée comme hauteur;

Le *samek* est doué d'un double support vertical, par suite peut-être d'une fausse interprétation de la barre séparative qui le précède sur le monument original;

Les éléments du *phé* et du *rech* se retrouvent aisément dans les dernières lettres; mais ils sont compliqués par des répétitions, de sorte qu'il y a deux lettres de trop;

L'*aleph* isolé est assez bon.

Malgré ces différences, légères d'ailleurs, il n'y a pas un doute à conserver sur l'identité des deux épigraphes.

Ces différences s'expliquent autant par l'inexpérience du graveur moderne, que par le fait qu'il travaillait d'après une empreinte ou une copie exécutée d'après une empreinte.

Ce fait est évident. Sur le scarabée moderne, en effet, comme je l'ai déjà fait remarquer, non seulement les images sont inverties, mais encore la légende est gravée à l'*endroit*, c'est-à-dire telle qu'elle se présentait sur l'*empreinte* du monument original gravé à l'*envers*.

VI.

Il faut admettre que le faussaire avait en outre à sa disposition, soit l'original lui-même, soit un moulage total de cet original, soit des informations très exactes sur sa configuration générale. C'est le seul moyen d'expliquer les ressemblances extérieures qui existent entre les deux objets, tant sous le rapport de la forme que sous celui des dimensions.

Il n'est pas jusqu'à la matière qui n'ait été prise en considération par l'auteur de la fraude. Le scarabée authentique est en jaspe vert; le scarabée du Louvre est en basalte vert, du moins d'après la description du catalogue. Peut-être est-il, en réalité, en stéatite, pierre beaucoup moins dure et moins rebelle à la gravure. Il fallait, en effet, que, même à cet égard, le faux scarabée répondît, au moins en apparence, au signalement d'un monument aussi connu que celui auquel il prétendait se substituer.

C'est grâce à cette série de supercheries que le Louvre a cru, jusqu'à ces derniers temps, posséder ce précieux original entré au British Museum il y a près de cent ans, et sur l'histoire duquel il ne sera pas superflu de donner maintenant quelques détails.

VII.

La mention la plus ancienne qui en ait été faite, à ma connaissance, remonte à l'année 1750. C'est à ce moment qu'il fait sa première apparition dans le domaine de la science.

Le *Thesaurus gemmarum antiquarum astriferarum* de Gori et Passeri, publié à cette date à Florence, en contient une reproduction[1] faite dans le goût de l'époque, c'est-à-dire à une échelle très amplifiée, d'une fidélité médiocre, avec une interprétation élégante de la scène figurée, et l'addition de motifs décoratifs.

La seule indication sur l'origine du monument se trouve dans la légende inscrite au bas de la planche : *ex ectyp. Stoschianis.*

[1] Vol. 1, pl. XXIV.

La gravure avait donc été exécutée d'après une empreinte de Stosch.

Le commentaire [1] se réduit à peu de chose ; il reconnaît, dans la divinité assise, Horus, montrant du doigt le soleil ; dans le personnage debout, un prêtre ; dans les caractères, qu'il s'abstient sagement de lire, des caractères ressemblant au phénicien et analogues à l'étrusque.

En 1777, Murr, dans son *Journal pour l'histoire de l'art et la littérature générale* [2], publie à nouveau notre monument, le croyant inédit. Il le décrit comme un scarabée de jaspe vert, appartenant au musée du feu duc de Noja Caraffa, de Naples, et ayant appartenu précédemment à Stosch. Il en donne une gravure assez bonne, de grandeur naturelle, d'après une empreinte et un dessin de son ami le graveur Johann Adam Schweikart, à qui il doit également, dit-il, des reproductions d'autres scarabées. Il considère l'inscription comme phénicienne, et la lit זכר זכר, sans essayer d'interpréter cette lecture tout à fait fantaisiste.

C'est en 1791, dans le *Catalogue raisonné* anglo-français de Tassie [3], que notre monument apparaît pour la première fois, comme faisant partie des collections du British Museum. Il y était entré grâce au

[1] Vol. II, p. 71.

[2] *Journal zur Kunstgeschichte und zur allgemeinen Litteratur*, Nürnberg, 1777, 4° partie, p. 161 et pl. I, fig. A.

[3] R. E. Raspe et J. Tassie, *Catalogue raisonné*, etc. A descriptive catalogue, etc. Londres, 1791, vol. I, p. 65, n° 654, et vol. II, pl. XI, n° 654.

fameux Hamilton, qui fut ambassadeur d'Angleterre à Naples de 1764 à 1800.

Il est indiqué, dans cet ouvrage, comme un *scarabée de jaspe verd*, et reproduit en gravure. La scène du plat est ainsi décrite : « Un roi persan barbu, en tiare et longue robe, semble recevoir les hommages d'une autre figure barbue en longue robe. Au champ, il y a en haut l'image du soleil et huit étoiles, et, plus bas, la croix ansée ou le phallus égyptien, et un *alpha*. Dans l'exergue une inscription en caractères probablement alphabétiques, fort ressemblans aux Phéniciens. »

Petit-Radel, dans le quatrième volume de ses *Monuments antiques du Musée Napoléon*[1], paru en 1806, reproduit ce monument d'après le *Thesaurus gemmarum*, à l'appui de ses rêveries sur la symbolique orientale. Il voit, dans la scène figurée sur le plat du scarabée, Horus assis instruisant un prêtre debout, « attaché, dit-il, par des liens dont un auteur ancien donne la raison ». Ce que Petit-Radel prend pour des liens ce sont tout bonnement des traits marquant la ceinture et la bande inférieure de la tunique du personnage, et l'*aleph* gravé derrière lui ; « la croix ansée est entre eux deux, ajoute-t-il, et le soleil est en haut. Horus indique cet astre ; on voit au bas de ce monument des caractères *étrusques* ».

La gravure, à une très grande échelle, n'est pas

---

[1] Vol. IV, p. 116 et pl. LVI, B. n° 3.

plus fidèle que celle du *Thesaurus* qui lui a servi de modèle. Il est intéressant de constater que la légende présente, dans ses anomalies, de notables ressemblances avec celle du scarabée faux. Les caractères sont alignés droit; en outre les trois premiers sont identiquement figurés comme sur le scarabée faux.

Il ne serait pas impossible que le faussaire ait utilisé l'ouvrage de Petit-Radel, dont le titre amphibologique pouvait, en outre, faire croire à l'existence, dans les collections mêmes du Louvre, du monunument cité incidemment par l'auteur.

Notre scarabée est encore gravé à nouveau, en 1809, d'après Tassie, dans les *Mines de l'Orient*[1], à l'appui d'un article signé P. et intitulé *Observations sur quelques monuments de Perse*. L'on sait que ce recueil paraissait sous la direction du célèbre orientaliste autrichien, von Hammer-Purgstall. Je rappelle cette circonstance en passant parce que tout à l'heure il y aura lieu d'y insister.

---

[1] *Fundgruben des Orients*, vol. I, p. 209, pl. III. Je reproduis, à titre de curiosité, l'interprétation que l'auteur donne de la scène figurée : « Le ciel et la terre sont figurés par une clef du Nil et par l'*alpha* phénicien, dont le nom signifie *bœuf*, symbole de la terre. L'honneur qu'ils rendent au Seigneur est exprimé par la figure d'un homme debout entre leurs caractères, qui *élève les mains* vers un autre assis en maître et juge, présidant aux planètes, aux *Cosmocratores* ou aux *Amschaspands* : puisque les sept ronds qui les rappellent sont tracés derrière le trône de leur roi. Ce résumé de l'ancien culte de louange, formule si fréquemment répétée du ciel et de la terre qui célèbrent le Seigneur, et qui paraît exprimée en lettres alphabétiques au bas du tableau, etc... »

En 1823, Landseer, dans ses *Recherches sa-béennes* [1], publie la face gravée du scarabée du British Museum. Sa reproduction, dérivée peut-être de celle de Tassie, est assez bonne. Il laisse, d'ailleurs, complètement de côté la légende, et ne s'occupe que d'interpréter la scène figurée. Il le fait dans un sens bien risqué, car il propose de voir Cassiopé dans la divinité assise !

Kopp, qui s'était déjà occupé du scarabée du British Museum dans un premier ouvrage [2], revient longuement sur ce sujet dans le quatrième volume de sa *Palæographia critica* [3], paru en 1829. Il en donne une reproduction, d'après la gravure de Tassie, contrôlée par celle de Passeri.

Contrairement à Tychsen [4], il soutient que le monument est de style perse plutôt qu'égyptien. Il suppose que cette intaille a une valeur astrologique. Il lit la légende : לירד רו סנכ, et la traduit impertubablement : *usque ad descendere mysterium occlude*, c'est-à-dire, explique-t-il, *garde le mystère jusqu'aux enfers !*

[1] *Bilder und Schriften*, vol. II, 181.
[2] *Sabæan researches*, 1823, in-4°. p. 361.
[3] Pages 110-113.
[4] Tychsen lit l'inscription להדר אסנג, et la traduit par *magno Asgag.*

Grotefend y lit le nom d'Ormuzd, écrit d'après lui *Ehoromezd* (*Ahuramazda*), et voit dans la scène figurée *Ormuzd récélant sa loi à Zoroastre !*

Herder (vol. I, dernière planche) s'est aussi occupé de notre monument. Il en donne un dessin d'après celui publié dans la *description du cabinet de M. Praun* (Nuremberg, 1797).

L'on peut mesurer, par la différence existant entre cette traduction extraordinaire et celle beaucoup plus terre à terre que j'ai proposée plus haut, le progrès accompli par l'épigraphie phénicienne depuis une cinquantaine d'années.

Kopp considère, en outre, la croix ansée comme la lettre *tau*, et, la rapprochant de l'*aleph* isolé, il y voit, dans la juxtaposition de ces deux signes, l'équivalent de l'expression de l'*alpha* à l'*oméga*, « du commencement à la fin ». Les caractères de la légende ne sont pas trop mal reproduits. L'on y relève cependant deux particularités qui se retrouvent sur le scarabée faux du Louvre : la rectitude de l'alignement; la forme abusive du *phé*, dont la tête tend à se fermer en boucle arrondie et à prendre ainsi l'aspect d'un *rech*[1].

Dans son fameux *Mémoire sur la croix ansée*, publié en 1846[2], Raoul-Rochette parle longuement de notre scarabée, qui rentrait dans son sujet par la présence du signe ♀ qui y figure. Il donne des détails exacts sur les destinées diverses du monument et le cite comme se trouvant « actuellement » au British Museum. Si l'auteur du *Catalogue* du Louvre avait lu plus attentivement le mémoire de Raoul-Rochette, auquel il a emprunté sa bibliographie, il aurait été mis sur ses gardes par cette indication formelle.

---

[1] Cette particularité existe déjà dans la reproduction de Tassie.
[2] *Mémoires de l'Institut, Académie des inscriptions et belles-lettres*, t. XVI, 2ᵉ partie, p. 373.

En 1847, Lajard[1] en donne une gravure assez
fidèle et attribue également l'original au British Museum. La gravure paraît être indépendante de celles
publiées jusque-là, et a dû être exécutée d'après une
empreinte directe du monument.

Levy, de Breslau, qui s'est occupé à deux reprises[2],
en 1857 et 1869, de ce scarabée et qui, tout en se
rapprochant de la vérité, n'était pas arrivé à une lecture complète de la légende, dit qu'il n'est pas par-
venu à connaître le possesseur de l'original. Il le cite
d'après Kopp et Lajard. Il ajoute en note que, malgré
l'assertion de Lajard, le *monument n'existe pas au
British Museum*[3], et qu'il a vu plusieurs années au-
paravant, entre les mains de M. Rawlinson, une
copie de l'inscription, copie dont il ignore la provenance.

Quelques années plus tard, en 1871, O. Blau,
dans le *Journal numismatique* de Vienne[4], discute le
monument remis en circulation par son compatriote
Levy, et prétend réformer complètement la traduction de celui-ci. Il lit la légende : *Hotak, le* חסף, et il
voit dans le trône de la scène figurée le siège auquel

[1] *Mithra*, XXXVI, 3, *Explication des planches*, p. 10 : «Scarabée
de jaspe vert, portant une légende en caractères dits phéniciens.
Musée britannique. »

[2] *Phönizische Studien*, vol. II, p. 37, et *Siegel und Gemmen*, p. 9.
En dernière analyse, Levy revient sur sa première lecture qui ne le
satisfait pas, et déclare avoir des doutes sur l'exactitude de la reproduction. Celle qu'il donne est assez défectueuse. L'astérisme qui occupe le haut de la scène est figuré comme une sorte de chrisme.

[3] Voir, plus loin, pour l'explication de ce fait.

[4] *Numismat. Zeitschr.* Juin 1871, p. 6.

avait droit ce personnage imaginaire. Inutile de réfuter cette interprétation insoutenable.

Tout récemment encore le scarabée du British Museum a été l'objet d'une étude, peu heureuse d'ailleurs. M. J. Euting le publie à nouveau au milieu d'une série d'épigraphes inédites, ou réputées telles [1], dans un article de la *Zeitschrift der deutschen morgenländischen Gesellschaft* [2] intitulé *Epigraphisches*. Il paraît ignorer que ce monument appartient depuis plus d'un siècle au domaine public et a été discuté notamment par son compatriote Levy, de Breslau. Il se borne à le qualifier ainsi : *Gemme in British Museum.*

Il transcrit l'inscription, sans la traduire : לחורו·סנרא, lecture inadmissible. Le caractère que M. Euting prend pour un *guimel* est certainement un *phé*, et celui qu'il prend pour un *daleth*, un *rech*.

VIII.

Nous avons vu tout à l'heure que Levy, de Breslau, assure en 1869 que le scarabée n'existe pas au British Museum.

Ce fait mérite quelque explication.

Je tiens du savant conservateur des antiquités

---

[1] Les n°° 3, 5, 11, 12, par exemple, avaient déjà été publiés par moi (*Sceaux et cachets*, etc., n°° 34, 21, 36, 37). Son n° 4 avait été relevé par moi, il y a plusieurs années, pour la Commission du *Corpus inscriptionum semiticarum* à qui j'en ai rapporté un moulage et soumis une traduction analogue.

[2] Vol. XVII, 4° cahier, p. 543, n° 10 (cf. pl. III), 1883.

orientales du British Museum, le D⁏ S. Birch, que
le scarabée a été égaré pendant de longues années.

L'on ne savait ce qu'il était devenu. Ce n'est qu'à
une date relativement récente qu'il a été retrouvé
par l'un des conservateurs, M. Franks, dans des
suites auxquelles il n'appartenait pas.

C'est probablement pendant cette période que
Levy, ayant pris des informations, a cru que le monument ne faisait pas partie du British Museum.

L'on en conservait cependant au Musée une ancienne empreinte à la cire d'Espagne. Cette empreinte
existe encore, et c'est elle apparemment qui a per-
mis à plusieurs savants qui se sont occupés du scarabée de l'attribuer avec raison au British Museum.

Il est regrettable que l'on ne puisse pas fixer avec
précision la date de cette disparition. C'est peut-être
elle, en effet, qui a facilité la grave méprise de l'auteur du catalogue du Louvre, et qui a pu même
suggérer au faussaire l'idée première de sa supercherie.

En tout cas, il y a un rapprochement dont on ne
saurait manquer d'être frappé. L'intaille du musée
impérial et royal de Vienne, dont j'ai autrefois dé-
montré ici même [1] la fausseté, est copiée d'après un
original authentique, publié successivement par Gori
et par Kopp; or, c'est exactement le cas du scarabée
faux du Louvre. L'original d'où il dérive est reproduit à la fois dans les ouvrages de Gori et de Kopp;

---

[1] *Journal asiatique.*

à quelques pages seulement de distance, l'ouvrage de Kopp donne les gravures des prototypes de l'intaille apocryphe de Vienne et du scarabée faux du Louvre. L'on est autorisé à en induire que c'est à cette double source que les auteurs de ces deux fraudes ont pu puiser leurs éléments d'information, et que ces faussaires ne sont peut-être qu'une seule et même personne. Nous allons être justement ramenés du côté de l'Autriche par un incident imprévu qui formera le dernier épisode de ce petit historique.

IX.

Il y a en archéologie de singuliers hasards et des rencontres vraiment curieuses.

Sept ans après que j'étais arrivé à établir la fausseté du scarabée phénicien du Louvre, il me tombait entre les mains, de la façon la plus inattendue, un monument qui présente avec lui d'étroites affinités.

Au mois de mai 1883, mon ami, **M. E. Senart,** me soumit l'empreinte d'une pierre fine montée en bijou, sur laquelle étaient gravés des caractères inconnus dont on désirait avoir l'explication. J'y jetai un coup d'œil et je n'y distinguai d'abord, au milieu d'arabesques, que quelques signes bizarres, ayant l'aspect de lettres de fantaisie dont il n'y avait rien à tirer.

Un examen plus approfondi ne tarda pas à me faire revenir sur cette première impression.

Quel ne fut pas mon étonnement quand je finis par reconnaître dans cette légende énigmatique la reproduction de la légende gravée sur les scarabées du British Museum et du Louvre! Naturellement ma curiosité fut piquée au vif par cette constatation invraisemblable.

Ce bijou devenait un élément essentiel du problème qui m'avait occupé depuis si longtemps.

Je demandai aussitôt à M. Senart, qui s'empressa de me les fournir, les renseignements qu'il était possible de se procurer sur l'origine de cet objet.

Ils se réduisent malheureusement à peu de chose.

Le bijou dans lequel est monté la gemme en question est un bracelet d'or. C'est un bijou de famille appartenant actuellement à Mlle ***, qui a bien voulu, sur la demande de M. Senart, le mettre à ma disposition et m'autoriser à le publier.

J'en donne ci-dessous un dessin partiel, reproduisant exactement la pierre, à la grandeur de l'original.

La pierre est une cornaline rouge, taillée en octogone allongé, plate, avec les bords rabattus en biseau.

Dans une sorte de cartouche central, entouré de traits imitant les caractères arabes, mais qui sont, je crois, de simples arabesques, est gravée la légende proprement dite. Elle se compose de huit caractères.

Il suffit de la comparer signe à signe avec celle de nos scarabées pour voir qu'elle lui est identique.

Seulement les caractères sont raides, étroits, beaucoup plus allongés, comme étirés.

De plus, ils offrent quelques anomalies. Ainsi, le *lamed* a perdu son crochet, et est réduit à une simple barre verticale; le *phé* a sa tête complètement bouclée et prend tout à fait en cet état la forme du *rech* qui le suit, etc.... L'*aleph* hors de ligne de l'inscription originale n'a pas été reproduit, comme on devait bien s'y attendre.

En examinant minutieusement le bracelet, je remarquai, derrière la monture de la pierre, une courte inscription en allemand, gravée sur l'or même, en caractères très fins et très petits :

$$12^{\text{ter}}\ M\bar{a}rz\ \overline{838}\ 12\ 3/4\,m.$$

C'est évidemment une date : *12 mars 1838*, 1 2 3/4ᵐ; probablement, d'après ce qui m'a été dit, la date et l'heure d'un événement de famille concernant une des personnes à qui le bracelet a appartenu. La première propriétaire était membre d'une grande famille magyare qui porte un nom illustre. L'on ignore à quel moment ce bijou est entré dans la famille. Selon une information qu'il est impossible de préciser, il aurait été donné autrefois par un pacha turc.

L'on peut au moins retenir de cette indication que la pierre existait déjà en 1838.

Qu'est-ce qui a pu guider le lapicide dans le choix de cette épigraphe?

Je ne serais pas surpris qu'il l'ait empruntée soit au volume des *Mines de l'Orient* cité précédemment, volume qui a été imprimé à Vienne en 1809, soit à l'ouvrage de Kopp, paru vingt ans plus tard. Les anomalies caractéristiques des lettres de la légende se retrouvent dans les fac-similés des *Mines de l'Orient* et de la *Palæographia critica*. Il est vrai de dire que ces deux fac-similés dérivent eux-mêmes de celui de Tassie.

Nous nous trouvons donc encore ramenés par ces faits vers la région où nous avions été conduits, par d'autres considérations, à chercher l'origine du scarabée faux du Louvre, et vers l'époque où ce scarabée a dû y être introduit.

Reste maintenant à expliquer comment il se fait que ce soit précisément le scarabée du British Museum, c'est-à dire d'un monument déjà utilisé pour une supercherie par un lapicide peu scrupuleux, qui ait servi de modèle pour une reproduction peut-être innocente cette fois.

Est-ce là une pure coïncidence? Ne serait-ce pas le même lapicide qui aurait exécuté les deux reproductions, l'une partielle, l'autre intégrale, de ce monument depuis longtemps célèbre dans le monde des antiquaires, et aussi la fausse intaille du Musée de Vienne?

Je dois cependant faire remarquer que la légende de la cornaline, malgré la déformation systématique

qu'elle a subie par l'allongement exagéré des caractères, est incomparablement plus correcte et plus
voisine de la légende originale que celle du scarabée
faux du Louvre. De plus elle est gravée, non pas à
l'endroit, comme sur celui-ci, mais à l'envers, c'est-
à-dire de manière à fournir des empreintes dans le
sens normal.

En tout cas, si je ne puis élucider ce dernier
point, du reste secondaire, je crois avoir réussi à
démontrer que le scarabée du Louvre est un monument absolument apocryphe et qui doit être banni
de nos collections, au milieu desquelles il a trop
longtemps fait tache.

II.

UN MONUMENT PHÉNICIEN APOCRYPHE
DU BRITISH MUSEUM.

Au mois de janvier 1884, en examinant les objets exposés dans les   îles orientales du British Museum, je remarquai, dans la vitrine 103, un petit monument phénicien récemment entré dans les collections, et que je n'hésite pas à inscrire dans le catalogue déjà si riche des antiquités fausses, ou falsifiées, de la Syrie. Il porte les numéros d'immatriculation 6-27-83-2.

Voici la reproduction de ce monument d'après un moulage que le D\u2e33 S. Birch a bien voulu en faire exécuter à ma demande.

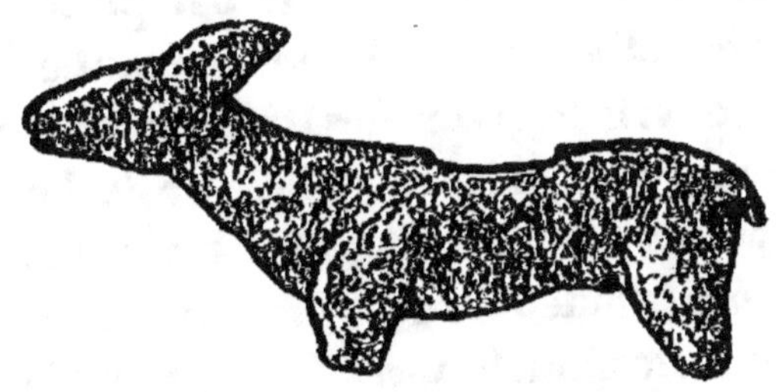

C'est une figurine de bronze mesurant 0^m,063 de long, et représentant un quadrupède indéterminé; peut-être une biche. Les quatre membres inférieurs manquent, mais le reste du corps est intact. L'animal est traversé de part en part, du dos au ventre, par un trou indiquant qu'il devait être fixé par une tige ou une hampe sur un autre objet.

La figurine est parfaitement authentique. Mais ce qui ne l'est pas c'est une inscription phénicienne de cinq caractères qu'il porte gravée sur le flanc gauche et qui semble devoir se lire *Taryaton*, ou, mieux, *Gadyaton*.

$$\text{𐤔𐤕𐤉𐤃𐤂}$$

Gadyaton, littéralement « celui que Gad a donné », est un nom propre qui a une bonne physionomie sémitique et offre des répondants suffisants dans l'onomastique phénicienne. La première lettre, le *guimel*, a ici l'apparence d'un *tau* à barres croisées qui rappelle la forme du *guimel* sur une gemme publiée autrefois par M. de Vogüé [1]. Les lettres ont une raideur et une sécheresse qui trahissent une main moderne. Le burin a exfolié par places la pellicule d'oxyde antique et, malgré la précaution qu'on a eue de recouvrir le creux des traits avec une patine artificielle, l'on voit, çà et là, sur le bord des traits, des points brillants du métal mis à vif.

Il n'est pas douteux pour moi que l'épigraphe phénicienne a été ajoutée après coup par un faussaire désireux de donner à la figurine une plus-value commerciale.

Et, de fait, il y a réussi. Ce petit bronze, dans son état normal, aurait été bien payé avec une dizaine de francs. Orné d'une inscription phénicienne il va-

---

[1] *Mélanges d'archéologie orientale*, p. 134, pl. VII, n° 36 : *Gadyah*.

lait largement la somme de cent francs moyennant laquelle il a été acquis.

La fraude a dû être exécutée en Orient même.

Le bronze a été rapporté de Syrie par M. Greville Chester qui l'a cédé au British Museum. La provenance indiquée est Tortose. Il serait intéressant de savoir de qui M. Greville Chester le tenait.

Cette indication mettrait peut-être sur la piste du faussaire.

III.

LE TAUREAU AILÉ DU ROI PHÉNICIEN YEHAUMELEK.

J'ai eu plusieurs fois l'occasion de constater, à propos des fraudes archéologiques de Palestine, que les faussaires syriens puisaient volontiers les éléments de leurs contrefaçons dans des trouvailles récentes, et que leurs produits, souvent marqués au coin de l'actualité, visaient des monuments originaux nouvellement signalés à l'attention des savants.

En voici un exemple inédit et pris sur un terrain autre que celui de la Palestine, mais voisin.

Je reçus, il y a quelques années, de M. Mordtmann, de Constantinople, une petite figurine de terre cuite, très joliment modelée et conservant encore des traces de dorure.

Elle représente un bœuf ou un taureau ailé, à moitié agenouillé. La figurine est creuse et façonnée en forme de lampe antique. Au milieu du dos est

un grand trou destiné à recevoir l'huile. Au sommet
de la tête un plus petit trou, celui qui donne pas-
sage à la mèche, est disposé de telle sorte que la
flamme brille entre les deux cornes, ce qui doit être
d'un bel effet. La queue recourbée de l'animal sert
d'anse pour tenir la lampe.

Le tout n'a pas trop mauvaise tournure.

Jusque-là, cependant, rien de bien extraordinaire.

Mais voici qui devient plus intéressant. Cette petite idole, qui semble à la fois une réminiscence du
veau d'or et de l'animal symbolique de saint Luc,
porte sur la cuisse droite et sur la cuisse gauche une
double inscription phénicienne tracée dans l'argile
avant la cuisson.

L'inscription phénicienne commence sur le flanc
droit et se continue sur le flanc gauche. Elle se lit
assez facilement.

יחומלך בן ירפל

Yehaum-lek, fils de Yirpel.

La figurine est parfaitement fausse; je puis le démontrer sans peine.

Le modeleur moderne a tout simplement copié
le nom de *Yehaumelek*, roi de Byblos, dont la stèle
découverte à Djebaïl, et récemment publiée par
M. de Vogüé, avait fait quelque bruit en Syrie.

Le ﬡ de *Yehaumelek* se retrouve sans peine, bien

que le faussaire en ait dissocié les deux éléments
constitutifs, de façon à en faire | et ⊒.

Sur la stèle originale [1], assez fruste en cet endroit,
le nom du père, ou plutôt du grand-père (ben-ben)
du roi est très difficile à déchiffrer.

Le faussaire, embarrassé, comme l'ont été eux-
mêmes les savants, l'a transcrit d'une façon fantaisiste, en se laissant influencer peut-être par l'existence
du nom de lieu biblique ירפאל *Yirpeel*.

En outre, il n'a pas vu que le patronymique se
composait de cinq lettres et non de quatre, et qu'il
se terminait certainement par l'élément מלך *melek* [2].

Il n'a pris que les quatre premières lettres du
groupe מלך.. et a négligé le *kaph* final, en interpré-
tant les deux premières lettres frustes comme un *yod*
et un *rech*, et le מ comme un *phé* :

Leçon de la stèle originale :

Interprétation du faussaire :

Je n'ai jamais pu déterminer de quelle officine
sortait au juste ce petit monument, dont l'exécution
trahit une main beaucoup plus habile que celle qui
a travaillé les poteries moabites.

----

[1] Voir la reproduction donnée dans le *Corpus inscriptionum semiticarum*, 1ʳᵉ partie, nº 1.

[2] L'on pense généralement qu'il doit se lire *Adommelek*.

[3] Paraît être un 𐤙 sur l'original.

[4] Paraît être un 𐤒 ou un 𐤃 sur l'original. Le faussaire y a bien vu
également un 𐤒.